Unnützes Wissen für Fußballfans

Impressum
Deutschsprachige Erstausgabe Mai 2023

Marvin Klug, Hauff straße 4, 26386 Wilhelmshaven

Covergestaltung und Satz: Wolkenart - Marie-Katharina Becker, www.wolkenart.com

1. Auflage
ISBN: 978-3-9825231-2-5

UNNÜTZES WISSEN FÜR FUSSBALL FANS

ÜBER 400 INTERESSANTE UND LUSTIGE FAKTEN AUS DER FUSSBALLWELT

INHALT

VORWORT

Liebe Leserinnen und Leser,

herzlich willkommen zu meinem Buch über unnützes Wissen aus der Fußballwelt! Als passionierter Fußballfan habe ich im Laufe der Jahre viele kuriose und skurrile Fakten über diesen faszinierenden Sport gesammelt. In diesem Buch möchte ich einige dieser interessanten, aber auch absolut unnützen Informationen mit Ihnen teilen.
Sie werden erfahren, wann der schnellste Elfmeter gepfiffen wurde, was für verrückte Fußballregeln es gibt und welches Tier in Brasilien als Glücksbringer für den Erfolg der Nationalmannschaft gilt. Natürlich wird auch der eine oder andere Rekord gebrochen und Skandal aufgedeckt.

Vielleicht fragen Sie sich, warum all dieses Wissen unnütz ist? Nun, es hat keinen direkten Nutzen, genauso wenig wie Fußball, aber es macht Spaß, darüber zu reden und zu staunen. Und wer weiß, vielleicht können Sie bei der nächsten Party mit Ihrem unnützen Wissen glänzen?

Ich wünsche Ihnen viel Freude beim Lesen und Entdecken!

INTERESSANTE FAKTEN & UNNÜTZES WISSEN

Nationalmannschaften, Länderspiele und ihre Titel

1 1872 fand das erste Länderspiel nach Regeln der Football Association statt. Es standen sich Schottland und England gegenüber. Das Spiel endete torlos.

2 Uruguay wurde als erstes Land Fußballweltmeister. Sie gewannen die erste Weltmeisterschaft 1930 im eigenen Land.

3 Bei der WM 2010 war Neuseeland die einzige Nation, die im Turnierverlauf ohne Niederlage blieb.

4 Seit 1982 gab es in jedem WM-Finale mindestens einen Spieler vom FC Bayern München auf dem Feld.

5 Am 11. November 1987 absolvierte Mark Hughes am selben (!) Tag zwei Spiele für zwei verschiedene Teams: erst ein EM-Qualifikationsspiel mit Wales gegen die Tschechoslowakei, danach für den FC Bayern gegen Borussia Mönchengladbach. Heutzutage unvorstellbar, oder?

6 Brasilien ist die einzige Nation, die bislang an allen 21 Weltmeisterschaften teilgenommen hat. Dahinter folgt Deutschland, das nur die beiden Endrunden 1930 und 1950 verpasste.

7 Vittorio Pozzo ist bislang der einzige Trainer, der zwei Weltmeistertitel holte. Er coachte 1934 sowie 1938 Italien zum Triumph.

8 Nein, Deutschlands sieben Tore beim 7:1-Sieg gegen Brasilien bei der WM 2014 waren nicht die meisten Tore, die eine Mannschaft in einem WM-Spiel erzielte. Ungarn schaffte bei der Weltmeisterschaft 1982 in Spanien insgesamt zehn Tore gegen El Salvador. Das Spiel endete 10:1.

9 Als Island das Viertelfinale bei der EM 2016 gegen Frankreich bestritt, waren gleich zehn Prozent der Gesamtbevölkerung Islands im und vor dem Stadion in Frankreich vertreten. Das Land hat allerdings auch nur rund 365.000 Einwohner.

10 Brasilien ernannte 2014 bei seiner Heim-Weltmeisterschaft das Gürteltier zum Glücksbringer und zum Maskottchen der WM.

11 Die Fußball-WM 2022 hat ihr Eröffnungsspiel in Lusail (Katar) ausgetragen – eine Stadt, die bis vor Kurzem noch nicht einmal existierte.

12 Nur acht Länder haben bisher die Fußballweltmeisterschaft gewonnen.

13 Während der Fußballweltmeisterschaft 2002 schoss der Südkoreaner Ahn Jung-Hwan gegen Italien ein Tor in der Nachspielzeit und warf die Italiener damit aus der Weltmeisterschaft. Am nächsten Tag wurde sein Vertrag bei seinem italienischen Stammverein gekündigt, da der Eigentümer meinte, er könne nicht denjenigen Menschen bezahlen, der den italienischen Fußball ruiniert hat.

14 Der offizielle Spitzname der australischen Fußballnationalmannschaft lautet **»Die Socceroos«**.

15 Als Deutschland die Fußballweltmeisterschaft 2014 in Brasilien gewann, war es das erste Mal, dass es dies als vereintes Land schaffte. Bei den drei vorherigen Siegen wurde die Fußballweltmeisterschaft nur von Westdeutschland gewonnen.

16 Bei der WM 1990 bekam Klaus Augenthaler ein Einzelzimmer, da er starker Raucher war. Im Finale gegen Argentinien spielte er durch und wurde Weltmeister.

17 Sigthorsson ist der Rekordtorschütze der isländischen Nationalmannschaft.

18 El Salvador und Honduras führten 1969 fast 100 Stunden Krieg wegen eines Fußballspiels.

19 Im Nationalstadion von Lima brach während eines Spiels zwischen Peru und Argentinien eine Massenpanik aus, als Zuschauer aufgrund einer Fehlentscheidung des Schiedsrichters das Spielfeld stürmten. Damals starben mehr als 300 Menschen.

20 Indien konnte sich für die WM 1950 qualifizieren, sagte seine Teilnahme jedoch ab, weil es verboten war, barfuß zu spielen.

21 Die FIFA-Fußballweltmeisterschaft hat mehr Zuschauer als jede andere im Fernsehen übertragene Sportveranstaltung auf der Welt. Durchschnittlich 3,57 Milliarden Menschen sahen die letzten Weltmeisterschaften im Fernsehen.

22 Wenn es eng wird, behält Deutschland einen kühlen Kopf. Zumindest wenn es nach dem Elfmeterschießen bei einer WM geht, denn bislang hat das DFB-Team alle Shootouts bei Weltmeisterschaften gewonnen. Eine überragende Bilanz!

23 Wenig überraschend gehört England zu den Nationen, die ihre Nerven bei Elfmeterschießen nicht im Griff haben. Bei WMs verloren die Three Lions bisher drei Viertel ihrer Shootouts – da ist Luft nach oben.

24 Noch schlechter ist die Bilanz von Spanien: Die Iberer verloren vier von fünf Elfmeterschießen bei einer WM. Zuletzt in Katar 2023 gegen Marokko.

25 Der einzige Weltmeister ohne einen einzigen Vorrundensieg war Italien im Jahr 1982. Die italienische Nationalmannschaft spielte dreimal unentschieden und wurde dennoch Weltmeister.

26 Aufgrund der Spannungen zwischen Gastgeberland England und Nordkorea durfte die Nationalhymne Nordkoreas bei der WM 1966 nicht gespielt werden. Um Ärger mit weiteren Nationen aus dem Weg zu gehen, wurde bei diesem Turnier komplett auf das Abspielen von Nationalhymnen verzichtet.

27 Rudi Glöckner ist der bisher einzige deutsche Schiedsrichter, der ein WM-Finale gepfiffen hatte. 1970 leitete er das Finale zwischen Brasilien und Italien vor 107.000 Fans im Aztekenstadion (Mexiko).

28 Der bisher einzige deutsche Fehlschütze bei WM-Elfmeterschießen war Uli Stielike im Halbfinale 1982 gegen Frankreich.

29 Wusstest du, dass der Ball für die Weltmeisterschaft 2010 in Südafrika mit einem speziellen Material namens **»Jabulani«** hergestellt wurde, das ihm eine unvorhersehbare Flugbahn verlieh? Viele Spieler hatten Schwierigkeiten, den Ball zu kontrollieren, was zu einigen unerwarteten Toren führte.

30 Außerdem hatte der Spielball elf unterschiedliche Streifen. Jeder Streifen auf dem Ball repräsentierte eine der elf offiziellen Sprachen Südafrikas.

31 Der ehemalige argentinische Nationalspieler Diego Maradona erzielte im WM-Viertelfinale 1986 gegen England das **»Hand-Gottes-Tor«**, bei dem er den Ball mit der Hand ins Tor schlug. Später erzielte er auch das Tor des Jahrhunderts, bei dem er von der Mittellinie losdribbelte und mehrere englische Spieler ausspielte, bevor er den Ball ins Tor schoss. Eine wahre Legende.

32 Es gab aber auch Schattenseiten um Maradona: Bei der WM 1994 in den USA wurde er des Dopings überführt, nachdem er positiv auf Ephedrin getestet wurde.

33 Der ehemalige deutsche Fußballspieler Gerd Müller hat in seiner Karriere insgesamt 68 Tore für die deutsche Nationalmannschaft erzielt und ist somit der erfolgreichste Torschütze in der Geschichte des deutschen Fußballs.

34 Luis Monti war der erste Fußballer, der zweimal in einem WM-Finale stand. Mit seinem Geburtsland Argentinien verlor er das WM-Finale 1930 gegen Uruguay. Vier Jahre später gewann er die WM mit Italien, dem Land, aus dem seine Vorfahren kamen.

35 Das erste 0:0 bei einer WM gab es 1958 in Schweden. Damals trennten sich England und Brasilien torlos.

36 Das kleinste Land, das jemals an einer WM teilgenommen hat, ist Trinidad-Tobago, das bei der WM 2006 in Deutschland antrat.

37 In der WM-Geschichte gab es nur drei Länder, die den Titel im eigenen Land gewonnen haben: Brasilien 1958, England 1966 und Frankreich 1998.

38 Lothar Matthäus ist der einzige deutsche Nationalspieler, der in fünf verschiedenen Weltmeisterschaften gespielt hat.

39 Der französische Nationalspieler Zinedine Zidane hat in seiner Karriere drei Rote Karten bekommen. – Alle drei in Weltmeisterschaftsspielen.

40 Die Weltmeisterschaft 1950 in Brasilien hatte ein anderes Format als heute. Es gab keine Finalrunde, stattdessen spielten die Mannschaften in einer Gruppenphase und der Sieger wurde durch eine Abschlusstabelle ermittelt.

41 Hassan El-Hadary stand bei der WM 2018 für Ägypten im Tor. Zu diesem Zeitpunkt war er 52 Jahre alt und gilt als bisher ältester Spieler bei einer WM.

42 Mario Mendez ist dagegen der jüngste Spieler, der jemals bei einer WM dabei war. Mit 16 Jahren spielte er 1954 für Uruguay.

43 Der älteste Torschütze bei einer Weltmeisterschaft ist Roger Milla aus Kamerun. Er traf 1994 im Alter von 42 Jahren.

44 Der jüngste hingegen war Pelé im Alter von 17 Jahren und 239 Tagen.

45 2002 hat Ronaldo den goldenen Schuh bei der WM gewonnen, obwohl er mit einer Haarperücke spielte, um sein kahles Haupt zu verbergen.

46 In einem Länderspiel 2015 zwischen Katar und Bahrain wurde das Spiel wegen zu vieler Fans abgebrochen. Es waren mehr Fans im Stadion, als zugelassen, was zu Sicherheitsbedenken führte.

47 Norwegen ist die einzige Nation, gegen die Brasilien noch nicht gewinnen konnte (2 U, 2 N).

48 Die spanische Nationalhymne hat keinen Text.

49 1960 gab es unter dem Namen »**Europapokal der Nationen**« das erste Mal eine Fußballeuropameisterschaft.

50 Die WM 2014 in Deutschland hat einen Babyboom nach sich gezogen: Neun Monate später kamen 30 Prozent mehr Babys in Deutschland zur Welt als üblich.

51 Wieso wurde im WM-Final 1930 zwischen Uruguay und Argentinien mit zwei Bällen gespielt? Argentinien und Uruguay wurden sich bei der Ballwahl nicht einig. Darum wurde in der ersten Halbzeit mit dem Ball der »**Albiceleste**« (Argentinien) und die zweite mit jenem der »**Celeste**« (Uruguay) gespielt.

52 Das torreichste WM-Spiel fand 1954 statt. Österreich besiegte die Schweiz mit 7:5.

53 Der Berliner Josip Simunic sah im WM-Spiel 2006 zwischen Kroatien und Australien 2006 insgesamt drei Gelbe Karten. Der Schiedsrichter Graham Poll schrieb zuvor einen anderen Spieler auf.

54 Der brasilianische Spieler Ronaldo wurde bei der WM 2002 in Südkorea und Japan Torschützenkönig, obwohl er während des Turniers an einer Durchfallerkrankung litt.

55 Der ehemalige deutsche Nationalspieler Thomas Häßler trug während eines Länderspiels 1994 eine Nasenklammer, um seine Atmung zu verbessern.

56 Der uruguayische Spieler Luis Suarez wurde während der WM 2014 in Brasilien für neun Spiele gesperrt, nachdem er den italienischen Spieler Giorgio Chiellini gebissen hatte.

57 Franz Beckenbauer hat sowohl als Spieler als auch als Trainer den Weltmeistertitel gewonnen.

58 Während der Fußballweltmeisterschaft 2014 in Brasilien wurden 3,5 Millionen Liter Bier verkauft.

59 Der Schiedsrichter der Fußballweltmeisterschaft 2002, Byron Moreno aus Ecuador, wurde später wegen Drogenschmuggels verhaftet.

60 Geoff Hurst war der erste Spieler, der in einem WM-Finale einen Hattrick erzielte. Dies geschah im Finale 1966 gegen Deutschland.

61 Der erste Spieler, der jemals bei drei aufeinanderfolgenden WM-Turnieren Tore erzielte, war der Brasilianer Pelé, der bei den Weltmeisterschaften 1958, 1962 und 1966 insgesamt 12 Tore erzielte.

62 Die meisten Tore in einem einzigen WM-Turnier schoss Just Fontaine aus Frankreich bei der WM 1958: insgesamt 13.

63 Miroslav Klose ist der einzige Spieler in der Geschichte, der bei drei verschiedenen WM-Turnieren den goldenen Schuh für den besten Torschützen gewonnen hat.

64 Die Weltmeisterschaft 2014 in Brasilien war das erste Turnier, bei dem eine sogenannte **»Torlinientechnologie«** eingesetzt wurde, um strittige Entscheidungen zu treffen.

65 Die Fußballweltmeisterschaft 1978 in Argentinien war von politischen Unruhen geprägt, da das Militärregime das Turnier für politische Zwecke missbrauchte.

66 Die Fußballweltmeisterschaft 1950 in Brasilien war das erste Turnier, an dem die deutsche Nationalmannschaft teilnahm, da sie aufgrund des Zweiten Weltkriegs vorher ausgeschlossen wurde.

67 Die Fußballweltmeisterschaft 1958 in Schweden war das erste Turnier, bei dem eine afrikanische Mannschaft (Ägypten) teilnahm.

68 Während eines Länderspiels zwischen Dänemark und Schweden im Jahr 2007 gab es so viele Verletzungen bei den dänischen Spielern, dass die Mannschaft das Spiel nicht fortsetzen konnte und mit nur neun Spielern aufgeben musste.

69 Der brasilianische Spieler Ronaldo wurde vor dem WM-Finale 1998 in Frankreich vor dem Spiel von einem epileptischen Anfall heimgesucht.

70 Alex Morgan war während der Frauen-Fußball-WM 2019 schwanger und brachte nach dem Turnier ihr erstes Kind zur Welt.

INTERESSANTE FAKTEN & UNNÜTZES WISSEN

Die deutschen Fußball-Ligen und ihre Profis

71 Die offiziellen Farben der Stadt München sind Schwarz und Gelb, die von Dortmund sind Rot und Weiß.

72 1982 kamen bei einem Flugzeugabsturz alle Passagiere ums Leben. Bis auf einen – Uli Hoeneß.

73 Bayer Leverkusen hat den inoffiziellen Titel als ewiger Zweiter inne. Der Verein hat den Begriff **»Vizekusen«** sogar schützen lassen. In England ist der Verein auch unter **»Neverkusen«** bekannt.

74 Papst Johannes Paul II. war Ehrenmitglied beim FC Schalke 04.

75 Thorsten Legat zog sich im Jahr 2000 seine Hose beim Mannschaftsfoto vom FC Schalke 04 bis unter die Achseln. Legat erhielt dafür 1.000 Mark von seinen Mannschaftskollegen, musste aber laut eigenen Aussagen das Zehnfache an Strafe zahlen.

76 Der Berater vom Ex-Bundesliga-Spieler Ailton versuchte dessen Torjägerkanone bei eBay zu versteigern, da Ailton ihm noch Geld schuldete. Kurz vor Auktionsende lösche eBay die Auktion bei einem Maximalangebot von 600.000 Euro.

77 Der Vater des damaligen Bayern-Profis Daniel van Buyten war Profi-Wrestler.

78 Steffen Effenberg hat in seinen 370 Bundesligaspielen stolze 114 Gelbe Karten kassiert. Das muss man erst mal schaffen.

79 Mit rund 300.000 Vereinsmitgliedern ist der FC Bayern München der mitgliederstärkste Sportverein der Welt.

80 In Deutschland gib es mittlerweile mehr als 26.000 Fußballvereine. Diese sind in fünf Regional- und 21 Landesverbänden organisiert.

81 Bislang haben 56 Mannschaften in der ersten Fußballbundesliga gespielt (Stand 2023).

82 Es wurden in der Saison 2018/2019 über 30 Handelfmeter gepfiffen, fast dreimal so viele wie in den Jahren zuvor. Als Grund dafür kommt wohl nur der Videobeweis (VAR) infrage.

83 Die Schale für den Gewinn der deutschen Meisterschaft hat einen Materialwert von 25.000 Euro.

84 Laut Arbeitsvertrag haben Bundesligaspieler eine 40-Stunden-Woche.

85 Der mitgliederstärkste Sportverband weltweit ist mit über sieben Millionen Mitgliedern der DFB, das sind fast zehn Prozent der deutschen Gesamtbevölkerung.

86 Wusstest du, dass knapp 40 Prozent aller Bundesliga-Aufsteiger in der darauffolgenden Saison wieder absteigen?

87 Knapp jeder dritte deutsche Fußballverein beginnt mit SV, fast jeder Sechste mit FC oder TuS.

88 Uwe Kliemann, Abwehrspieler beim Hertha BSC von 1974 bis 1980, erhielt aufgrund seiner Körpergröße von 1,96 Meter den Spitznamen **»Funkturm«**.

89 Schiedsrichter tragen die Rote Karte in der Gesäßtasche, die Gelbe in der Brusttasche, um bei farbenblinden Spielern eine Verwechslung der Strafe auszuschließen. Auf diese Weise kam der Begriff **»Arschkarte«** zustande.

90 Sascha Mölders erzielte 2011 gegen Fortuna Düsseldorf einen Treffer mit seinem Po.

91 Noch kurioser: Mario Gomez traf 2007 mit seinem Gemächt ins gegnerische Tor.

92 Üblicherweise wird vor Fußballspielen dem Gegner ein Wimpel der eigenen Mannschaft überreicht. Beim FC Augsburg bekommt man allerdings seit 2009 stets eine Figur der Augsburger Puppenkiste überreicht.

93 Gerade einmal 58 Sekunden brauchte Timo Konietzka nach dem Anpfiff der neu gegründeten Bundesliga, um zur Legende zu werden: Am 24. August 1963 schoss er das erste Tor der Liga-Geschichte.

94 Im Dezember 1997 fiel das erste Bundesliga-Tor eines Torhüters, das kein Elfmeter gewesen ist: Jens Lehmann köpfte in der letzten Minute das 2:2 für den FC Schake 04.

95 Der ehemalige Nationalspieler und Verteidiger des FC Bayern München, Philipp Lahm, hatte einmal 13 Monate kein einziges Foul begangen, obwohl er in so gut wie jedem Spiel auf dem Platz stand.

96 Frankreichs und Bayern Münchens Flügelspieler Kingsley Coman hat jedes Jahr einen Meistertitel gewonnen, seit er Fußballprofi ist (Stand 2023).

97 Die meisten Tore in der Bundesliga erzielte Gerd Müller mit 365 Toren in 427 Bundesligaspielen, alle für den FC Bayern München.

98 Die meisten Tore in einer Saison erzielte Robert Lewandowski mit 41 Toren in nur einer Saison.

99 8. November 1975: Beim Bundesligaspiel zwischen Werder Bremen und Hannover ist erst eine halbe Stunde vorbei, als Schiedsrichter Wolf-Dieter Ahlenfelder zur Halbzeit pfeift. Offenbar gab es zum Mittagessen Bier und Malteser-Schnaps.

100 Paul Breitner wechselte 1974 für die Rekordablöse von umgerechnet 1,5 Millionen Euro vom FC Bayern München zu Real Madrid. Damit war Paul Breitner ganze fünf Jahre lang der teuerste Spieler der Welt.

101 Thorsten Legat wurde 1999 beim VFB Stuttgart fristlos entlassen, weil er auf ein Poster von Pablo Thiam das Wort »**Negersaft**« kritzelte.

102 Kult-Trainer Christoph Daum heiratete seine zweite Frau Angelica im Mittelkreis des Kölner Stadions.

103 Die Bierleitung der Schalker Veltins-Arena ist fünf Kilometer lang. Aus vier Kühlzentren führt sie zu 133 Zapfhähnen in 32 Kiosken.

104 Der FC Bayern München hat im Jahr 2001 einen Schiedsrichter wegen seiner Leistung mit einem Pferd namens »**Amor**« beschenkt.

105 Der VFL Wolfsburg hat einen Wolf als Maskottchen und der 1. FC Köln eine Ziege namens »**Hennes**«.

106 VFB Stuttgart hatte in seiner Vereinsgeschichte fünf verschiedene Maskottchen, darunter ein Mammut und ein Waschbär.

107 Der Deutsche Fußballbund (DFB) wurde im Jahr 1990 gegründet und ist damit einer der ältesten Fußballverbände der Welt.

108 Rudi Assauer verpasste Gerald Asamoah einst den Spitznamen »**Blondie**«.

109 Der DFB-Pokal hat ein Fassungsvermögen von acht Litern, also genug Platz, um den Sieg auch ausgiebig zu feiern.

110 In den 1980er-Jahren spielte für den FC St. Pauli Werner Lorant, der während des Spiels einen Gegner mit einem gezielten Wurf seines Schuhs niederschlug.

111 Der FC Bayern München hat mit bisher 31 Deutschen Meisterschaften den Titel als Rekordmeister redlich verdient.

112 Der FC Bayern wurde von 2013 bis 2022 zehnmal in Serie Deutscher Meister.

113 In der Saison 2012/13 wurden die Bayern mit 25 Punkten Abstand Meister.

114 Die frühste Meisterschaft gelang den Bayern ein Jahr später am 27. Spieltag.

115 Der 1. FC Kaiserslautern schaffte es 1997/98, Meister zu werden, und das als Aufsteiger. Das gelang bisher keiner anderen Mannschaft in Deutschland.

116 Thomas Müller hat mit dem Titelgewinn 2021/22 als erster Spieler der Geschichte elf Meisterschaften gewonnen.

117 Dieter Müller traf im August 1977 beim 7:2-Sieg gegen Werder Bremen sechsmal für den 1. FC Köln. Auch das ist bis heute unerreicht.

118 Robert Lewandowski und Gerd Müller teilen sich einen Rekord: Beide wurden siebenmal Torschützenkönig in der Bundesliga.

119 Den kürzesten Nachnamen der Bundesliga-Geschichte teilen sich zwei Spieler. Demba Ba und Jürgen Ey.

120 Eine Bundesligasaison ohne Niederlage hat noch keine Mannschaft geschafft. Der FC Bayern München schaffte es in den Jahren 86/87 und 12/13 aber mit nur jeweils einer Niederlage durch die Saison.

121 Tasmania Berlin konnte kein Auswärtsspiel in der Bundesliga gewinnen, als einziger Verein überhaupt.

122 Der 1. FC Nürnberg feierte 1968 die Meisterschaft. 12 Monate später musste der 1. FC Nürnberg den Gang in die zweite Liga antreten.

123 Der FC. St. Pauli hat einen Fanklub namens »**Bremer Schwachmaten**«.

124 Einige Spieler haben auch noch andere Hobbys. So zum Beispiel Jérome Boateng, der gerne kocht, und Mario Götze, der ein begeisterter Sammler von Kunstwerken ist.

125 Hertha BSC hat im Jahr 1991 einen Spieler namens Michael Preetz verpflichtet, der zuvor als Pizzaverkäufer gearbeitet hat.

126 Im Jahr 2002 beschloss der FC St. Pauli, seine Trikots mit dem Logo von Greenpeace zu versehen, um auf die Umweltverschmutzung aufmerksam zu machen.

127 Der deutsche Fußballspieler Horst Syzmaniak war bekannt dafür, dass er während seiner Karriere oft Zigarren rauchte. – Auch während der Halbzeit.

INTERESSANTE FAKTEN & UNNÜTZES WISSEN

Rekorde

128 Der englische Fußballer Lee Tod erhielt die schnellste Rote Karte der Geschichte: Nur zwei Sekunden nach dem Anpfiff musste er das Feld wieder verlassen, weil er **»Fuck you, that was loud!«** rief, da der Schiedsrichter für sein Empfinden zu laut gepfiffen hatte.

129 Der Brasilianer Pele hält noch heute viele Rekorde im Fußball. Einer davon ist, dass er mit 17 der jüngste Hattrick-Torschütze in einem WM-Endspiel und zugleich jüngster Torschütze in WM-Finale ist. Die Tore fielen bei der WM 1958 beim 5:2 gegen Schweden.

130 Die längste Siegesserie eines Fußballteams liegt bei 88. Sie wurde von dem nordirischen Verein Linfield FC zwischen Oktober 1949 und April 1953 erreicht.

131 Die höchste Zuschauerzahl wurde bei einem Länderspiel zwischen Uruguay und Brasilien im Maracana-Stadion erreicht. Damals verfolgten 200.000 Fans das Spiel, das Uruguay mit 2:1 gewann.

132 Der höchste Sieg in einem Länderspiel war ein Spiel zwischen Australien und Samoa im Jahr 2001, das mit einem unglaublichen 31:0 für Australien endete.

133 Das schnellste Tor in der Geschichte der Champions League wurde 2007 von Roy Makaay vom FC Bayern München erzielt. Er traf das Tor nur elf Sekunden nach Spielbeginn gegen Real Madrid.

134 Das schnellste Tor bei einer Weltmeisterschaft wurde ebenfalls nach nur elf Sekunden erzielt. Torschütze war Hakan Sükür beim Spiel Türkei gegen Südkorea.

135 Der Rekord für das längste Elfmeterschießen in einem offiziellen Spiel lag bei 48 Schüssen. Dies geschah 2005 in Lettland.

136 Der Rekordmeister der Bundesliga ist der FC Bayern München.

137 Der jüngste Torschütze in der Bundesliga-Geschichte ist Youssoufa Moukoko mit 17 Jahren und 136 Tagen.

138 Der höchste Bundesliga-Sieg war das 12:0 von Borussia Mönchengladbach gegen Borussia Dortmund im Jahr 1978.

139 Das schnellste Tor in der Geschichte der Bundesliga wurde von Karim Bellerabi von Bayer Leverkusen erzielt. Er traf im Jahr 2014 nach nur neun Sekunden gegen Borussia Dortmund.

140 Klaus Fichtel ist der älteste Spieler, der jemals in der Bundesliga auflief: 1988 im Alter von 43 Jahren und 6 Monate.

141 Der erfolgreichste ausländische Torschütze in der Bundesliga ist der Peruaner Claudio Pizarro, der insgesamt 197 Tore erzielt hat.

142 Der höchste Transfer in der Geschichte der Bundesliga ist der Wechsel von Ousmane Dembélé von Borussia Dortmund zum FC Barcelona im Jahr 2017 für 105 Millionen Euro.

143 Der Spieler mit den meisten Bundesligaeinsätzen ist Karl-Heinz Kurbel, der zwischen 1972 und 1991 insgesamt 602 Spiele für Eintracht Frankfurt absolvierte.

144 Yann Aurel Bisseck ist Stand 2023 mit 16 Jahren, 11 Monaten und 28 Tagen der jüngste Bundesligaspieler.

145 Lionel Messi ist der Spieler mit den meisten Toren in einer Saison: 2011/12 erzielte er 91 Tore für den FC Barcelona.

146 Der höchste Sieg in einem internationalen Fußballspiel war 149:0, als Madagaskar im Jahr 2002 Stade Olympique L'Emyrne aus Réunion besiegte.

147 Im Jahre 2015 traf Schiedsrichter Peter Gagelmann eine historische Entscheidung: Nach einem Paderborner Foul an Marcell Jansen entschied er nach acht Sekunden auf Strafstoß für den HSV.

148 Das schnellste Tor in einem Fußballspiel wurde nach nur 1,7 Sekunden erzielt, als der Spieler Piotr Unierzyski aus Polen ein Tor gegen den Gegner Pogoń Lwów im Jahr 1945 erzielte.

149 Der größte Fußballplatz der Welt ist im Guangdong-Sports-Center in Guangzhou, China, und misst 120 Meter x 80 Meter.

150 Der teuerste Fußballspieler aller Zeiten ist Neymar, der im Jahr 2017 für 222 Millionen Euro von Barcelona zu Paris Saint-Germain wechselte.

151 Die meisten Tore in einem einzigen Fußballspiel erzielte der australische Spieler Archie Thompson, als er 13 Tore gegen Amerikanisch-Samoa im Jahr 2001 schoss.

152 Zwischen 2004 und 2011 verlor José Mourinho mit seinen Teams in der Liga kein einziges Heimspiel.

153 Die längste Partie in der Geschichte des Fußballs dauerte drei Tage. Das Spiel, das in Schweden ausgetragen wurde, wurde wegen schlechten Wetters immer wieder unterbrochen und endete schließlich nach drei Tagen und sieben Stunden.

154 Das älteste noch bespielte Stadion der Welt ist der McDiarmid-Park in Schottland. Es wurde im Jahr 1985 eröffnet und ist seitdem die Heimat des Vereins St. Johnstone FC.

155 Die meisten Tore in einem offiziellen Fußballspiel waren 149. Das Spiel endete 149:0, da Stade Olympique de L'emyrne aus Protest jede Minute ein Eigentor schoss.

156 Der türkische Verein Galatasaray hat den Rekord für die längste ungeschlagene Serie in der türkischen Liga mit 48 Spielen ohne Niederlage.

157 Der schnellste jemals aufgezeichnete Schuss in einem Fußballspiel hatte eine Geschwindigkeit von 211 km/h und wurde von Ronny Heberson getreten.

158 Der kleinste Fußballspieler, der jemals in einem Profispiel gespielt hat, war der Argentinier Javier Acuna, der nur 1,34 m groß war.

159 Der schnellste jemals erzielte Hattrick in einem professionellen Fußballspiel dauerte nur 90 Sekunden und wurde von Tommy Ross im Jahr 1964 erzielt.

160 Der schnellste Hattrick in einem Premier-League-Spiel wurde von Radio Mane erzielt, als er für den FC Liverpool gegen Aston Villa im April 2015 innerhalb von 176 Sekunden drei Tore erzielte.

161 Der japanische Stürmer Keisuke Honda konnte die UEFA-Champions-League und die AFC-Champions-League gewinnen. Das schaffte vor ihm niemand.

162 Der Schiedsrichter mit den meisten Länderspieleinsätzen ist der Ägypter Gamal Al-Ghandour, der in seiner Karriere 386 Spiele geleitet hat.

163 FC Arsenal ist der einzige Klub, der eine gesamte Saison in der Premier League ohne Niederlage absolviert hat (2003/2004).

164 Der FC Barcelona gewann 2009 alle sechs Wettbewerbe, an denen er teilnahm: die spanische Meisterschaft, den spanischen Pokal, die Champions League, den UEFA-Super-Cup, den spanischen Super Cup und die FIFA-Klub-Weltmeisterschaft.

165 Das Stadion von Borussia Dortmund, der Signa Iduna-Park, ist das größte Fußballstadion in Deutschland mit Platz für mehr als 81.000 Zuschauer.

166 Oliver Kahn hat in seiner Karriere insgesamt 632 Spiele ohne Gegentor absolviert, was ein Rekord in der deutschen Bundesliga ist.

167 In einem Spiel zwischen Manchester United und Arsenal im Jahr 1990 wurden insgesamt 21 Gelbe Karten und zwei Rote Karten verteilt, was bis heute als Rekord für ein Premier-League-Spiel gilt.

168 Den Rekord für die längste Torserie in der Bundesliga hält ebenfalls Gerd Müller. Er traf 1969/70 in 16 aufeinanderfolgenden Spielen.

169 Michael Tönnies schoss den schnellsten Hattrick in der Bundesliga. Binnen fünf Minuten traf er dreimal gegen Torhüter Oliver Kahn.

170 José Mourinho blieb mit seinen Teams zwischen 2002 und 2011 in 150 Liga-Heimspielen in Folge ungeschlagen.

171 Der italienische Verteidiger Mazza erzielte das schnellste Eigentor der Geschichte und schickte den Ball bereits nach 38 Sekunden ins Netz seines Teams.

172 Aus 83 Metern schoss Moritz Stoppelkamp das Bundesliga-Tor aus der größten Entfernung der Geschichte.

INTERESSANTE FAKTEN & UNNÜTZES WISSEN

Skurrile Fast-Transfers

173 Die slowakische Legende Marek Hamsik wäre 2016 fast bei Borussia Dortmund gelandet.

174 Der fünfmalige Champions-League-Sieger Marcelo wäre 2006 fast zum Hamburger SV gewechselt, als sie selbst noch Champions League spielten. Stattdessen schloss er sich 2007 Real Madrid an. Der Rest ist Geschichte.

175 Gareth Bale wäre ebenfalls 2008 fast zum Hamburger SV gewechselt, doch den Norddeutschen war der Waliser zu teuer. 2013 wechselte er dann für 101 Millionen Euro zu Real Madrid.

176 Kaka wäre ebenfalls fast in der Bundesliga gelandet. Bayer Leverkusen beobachtete 2002 den jungen Brasilianer bei einem U21-Turnier und war von seinen Qualitäten mehr als überzeugt. Leverkusen gab sogar ein konkretes Angebot ab, doch der FC Sao Paulo lehnte ab. So wechselte Kaka 2003 zum AC Milan, wo er vier Jahre später Weltfußballer wurde.

177 Der VFB Stuttgart stand 1994 kurz davor, den Brasilianer Ronaldo zu verpflichten. Leider war die Ablöse von fünf Millionen Dollar zu viel Geld für die Schwaben.

178 Ronaldinho wäre 2001 fast bei Borussia Dortmund gelandet. Ihm sei der Sprung nach Dortmund aber etwas zu groß gewesen.

179 Der Wechsel vom Ex-Real-Star Isco zu Union Berlin schien schon fix zu sein. Der Spanier war bereits in Berlin gelandet und hatte den Medizincheck erfolgreich absolviert. Leider platzte aufgrund der finanziellen Rahmenbedingungen der Deal in letzter Minute.

180 Ralf Rangnick hatte sich in seiner damaligen Funktion bei RB Leipzig mit den Eltern von Kylian Mbappe in Paris getroffen. Die Eltern waren vom damaligen Trainer der Leipziger nicht überzeugt und so scheiterten die Gespräche.

181 2011 wollte Borussia Mönchengladbach den jungen Kevin de Bruyne vom KRC Genk verpflichten, der Belgier entschied sich jedoch für Chelsea.

182 Bastian Schweinsteiger hätte den FC Bayern München 2008 beinahe verlassen und wäre zu Inter Mailand gewechselt.

183 Thomas Müller wäre 2009 fast bei der TSG Hoffenheim gelandet. Der Transfer ist am Ende jedoch an finanziellen Mitteln gescheitert.

184 Christoph Daum verriet in seiner Biografie, dass Angel di Maria fast beim 1. FC Köln gelandet wäre.

185 2001 absolvierte Petr Cech ein Probetraining bei Werder Bremen. Der damals 18-Jährige hinterließ einen bleibenden Eindruck, jedoch war den Norddeutschen die Ablösesumme von 600.000 Euro zu hoch.

186 Der Superstar Harry Kane wäre 2012 fast bei Union Berlin gelandet. Man habe mehrfach mit dem Berater von Kane gesprochen, jedoch ohne Erfolg.

187 10.000 Euro haben gefehlt, ansonsten wäre Michael Ballack bei Werder Bremen und nicht beim 1. FC Kaiserslautern gelandet. Die Werderaner waren nicht bereit, den Gehaltsvorstellungen des Youngsters von 100.000 Euro pro Jahr nachzukommen.

188 Atletico Madrid streckte 2021 die Fühler nach Lionel Messi aus, jedoch entschied er sich für Paris Saint Germain.

189 Timo Werner wäre 2019 fast zum FC Bayern München gewechselt.

190 Juventus Turin wollte 2017 Erling Haaland verpflichten und direkt verleihen. Jedoch hatte Haaland auf dieses Vorhaben keine Lust.

191 Jude Bellingham stand 2019 vor der Entscheidung: Borussia Dortmund oder Bayern München. Er entschied sich dann ein Jahr später für die Borussen aus Dortmund.

192 Leon Goretzka lehnte 2018 ein Angebot des FC Liverpool ab. Stattdessen zog es Goretzka zum FC Bayern München.

INTERESSANTE FAKTEN & UNNÜTZES WISSEN

Skandale

193 Nachdem die Türkei gegen die Schweiz im Relegationsspiel zur WM 2006 verlor, brannten bei den Türken die Sicherungen durch. Die Schweizer Mannschaft musste in ihre Kabine fliehen, auf dem Weg dorthin wurde auf sie eingeprügelt. In der Schweiz ist die Partie bis heute als **»Die Schande von Istanbul«** bekannt.

194 Als **»Schande von Gijón«** ist das letzte Gruppenspiel bei der WM 1982 in Spanien in die Fußballgeschichte Deutschlands und Österreichs eingegangen. Die Nationalmannschaften der beiden Nachbarländer trafen aufeinander, Horst Hrubesch erzielte in der elften Minute das 1:0 für das DFB-Team. Da dieses Ergebnis beiden Mannschaften zum Weiterkommen reichte, beschlossen beide Teams, das Fußballspielen für die nächsten 80 Minuten einfach einzustellen.

195 Das DFB-Pokalspiel zwischen dem damaligen Drittligisten SC Paderborn und dem Bundesligisten Hamburger SV am 21. August 2004 ist das vermutlich größte Skandalspiel in der Geschichte des deutschen Fußballs. Hoyzer hatte Geld von der kroatischen Wettmafia angenommen, um das Spiel zu manipulieren und Außenseiter Paderborn zum Sieg zu verhelfen.

196 Im WM-Relegationsspiel zwischen Frankreich und Irland erzielte Thierry Henry mit einem klaren Handspiel ein Tor, das Frankreich die Teilnahme an der WM bescherte.

197 Beim Revierderby 1969 zwischen Dortmund und Schalke 04 stürmten in der 37. Minute nach einem Tor viele Fans den Platz. Im allgemeinen Durcheinander verlor der Schäferhund **»Blitz«**, der einem Dortmunder Ordner gehörte, die Nerven und biss den Schalker Spieler Friedel Rausch in den Hintern.

198 Am 23. April 1994 erzielte Thomas Helmer, Verteidiger beim FC Bayern München, das berühmteste Nicht-Tor der Bundesliga-Geschichte: Helmer stocherte den Ball aus kurzer Distanz am Nürnberger Tor vorbei, Linienrichter Jörg Jablonski hatte den Ball aber drin gesehen. Helmer bereute später, dass er nicht auf den Schiedsrichter zuging und die Situation aufklärte. So wurde das Spiel wiederholt und die deutsche Fußballsprache war um einen Begriff reicher: das Phantomtor.

199 Steffen Effenberg wurde beim WM-Spiel 1994 gegen Südkorea von unzufriedenen Fans provoziert, sodass er ihnen den Mittelfinger zeigte.

200 Im April 2010 sorgte Paolo Guerrero für einen Skandal im Spiel gegen Hannover 96: Der Stürmer stoppte auf dem Weg vom Platz vor dem Eingang zum Kabinentrakt und traf mit seiner Trinkflasche einen Fan mitten ins Gesicht.

201 Deniz Naki (FC. St. Pauli) wurde für drei Spiele gesperrt, nachdem er eine Kopf-ab-Geste zu den Fans von Hansa Rostock zeigte.

202 Im Jahr 2013 machte Uli Hoeneß, der damalige Präsident des FC Bayern München, Schlagzeilen, als er sich selbst wegen Steuerhinterziehung anzeigte. Er hatte mehrere Millionen auf einem Konto einer Schweizer Bank gehabt und dieses Geld bei der Steuererklärung verschwiegen. Nach einem langen Prozess wurde er zu dreieinhalb Jahren Haft ohne Bewährung verurteilt.

203 Der Borussia-Dortmund-Spieler Marco Reus wurde 2014 erwischt, wie er ohne Führerschein Auto gefahren ist. Es stellte sich heraus, dass er das schon drei Jahre lang tat. Dafür wurde er vom Gericht zu einer halben Millionen Euro Strafe verurteilt. Er zahlte das Geld und holte seinen Führerschein nach.

204 Der ehemalige Werder-Bremen-Profi Marko Arnautovic bepöbelte einmal eine Polizistin bei einer Polizeikontrolle mit den Worten: **»Ich verdiene so viel, ich kann dein Leben kaufen«.**

INTERESSANTE FAKTEN & UNNÜTZES WISSEN

Aus der restlichen Fußball-Welt

205 Jedes Jahr werden rund 40 Millionen Fußbälle hergestellt. In Jahren mit Europa- oder Weltmeisterschaften sind es bis zu 60 Millionen. 80 Prozent der weltweit hergestellten Spielbälle kommen aus Produktionsstätten in Pakistan, China und Thailand.

206 Während des Zweiten Weltkriegs wurde der deutsche Fußballspieler Matthias Sindelar, der auch als **»Der Mann ohne Nerven«** bekannt war, von den Nazis ermordet, weil er sich weigerte, für das nationalsozialistische Team zu spielen.

207 Lionel Messi ist 869 Tage jünger als Cristiano Ronaldo – Messis Sohn ist ebenfalls 869 Tage jünger als Ronaldos Sohn.

208 Zlatan Ibrahimovic hat für sechs verschiedene Klubs gespielt, die allesamt die Champions League gewonnen haben. Er selbst hat diese leider nie gewinnen können.

209 Arbeitslose Fußballprofis werden beim Arbeitsamt als **»Künstler«** geführt.

210 1937 wurde zum ersten Mal in der Geschichte ein Fußballspiel live im Fernsehen übertragen. Gegenüber standen sich der Traditionsklub Arsenal London und die Reserve von Arsenal London.

211 Sherlock-Holmes-Autor Sir Arthur Conan Doyle war einer der Gründer und der erste Torhüter des Fußballklubs Portsmouth FC.

212 Die Mittellinie des Fußballstadions im brasilianischen Macapá liegt exakt auf der Äquatorlinie, sodass sich die konkurrierenden Teams bei einem Spiel jeweils immer auf unterschiedlichen Hemisphären befinden.

213 2013 eröffnete Cristiano Ronaldo ein Museum, das sich nur mit ihm selbst beschäftigt.

214 Der italienische Begriff **»Tifosi«** bezeichnet eine Gruppe von extremen Anhängern einer Sportmannschaft. Er bedeutet wörtlich **»Typhus-Infizierte«**, denn der Fanatismus der Fans gleicht einem Fieber.

215 Erst drei Jahre, nachdem die ersten Fußballregeln festgelegt wurden, wurde das Handspiel verboten.

216 Die einzigen olympischen Goldmedaillen, die Uruguay je gewonnen hat, sind für Fußball bei den Olympischen Spielen 1924 und 1928.

217 Die 20 reichsten Fußballvereine der Welt kommen alle aus Europa.

218 Fußball wurde bereits vor 2200 Jahren in China erfunden. Der Name des Spiels war ursprünglich **»Tsu Chu«**, was **»Tretball«** bedeutet.

219 Die FIFA hat derzeit 211 Mitgliedsstaaten, während die Vereinten Nationen nur 203 Länder anerkennen.

220 Der Vatikan ist kein Mitglied der FIFA, hat aber eine eigene Fußballmannschaft.

221 Seit 1896 gilt, dass ein Fußballfeld in Deutschland baumfrei sein muss.

222 11 Kilometer legt ein Fußballer durchschnittlich in einem Spiel zurück.

223 Arthur Wharton gilt als der erste dunkelhäutige Profi-Fußballer der Welt.

224 Im schwedischen Duden findet man das Wort **»zlatanieren«**, das als Ausdruck für **»stark dominieren«** gilt,

225 Beim österreichischen Klub Voest Linz lief in den 90ern ein Spieler mit der Rückennummer 95,2 auf. Er machte damit Werbung für einen Radiosender. Heute unvorstellbar.

226 Schon einmal mit Fußfesseln Fußball gespielt? Der ehemalige Tottenham-Spieler Jermaine Pennant musste nach der Entlassung aus der Haft eine elektronische Fußfessel tragen – auch beim Fußball.

227 Die kleinste Liga der Welt befindet sich auf den britischen Scilly Islands. Sie besteht aus zwei Teams, die in einer Saison 16-mal gegeneinander spielen.

228 In den 1940er-Jahren endete ein Fußballspiel in Brasilien mit dem ungewöhnlichen Ergebnis 0,5:0. Was war passiert? Beim Spielstand von 0:0 gab es einen Elfmeter. Der Stürmer lief an, schoss ... und der damals noch handgenähte Fußball platzt an einer Naht auf, die innere Gummiblase flog ins Tor, die äußere Lederhülle kullerte neben dem Tor ins Toraus. Der Schiedsrichter entschied auf »**halbes Tor**«. Da keine weiteren Tore fielen, endete das Spiel 0,5 zu 0.

229 Unser geliebtes Fußballfeld hat keine genaue Größenangabe. In den Regeln ist lediglich festgehalten, dass es zwischen 90 und 120 Meter lang sein muss.

230 Kopfbedeckungen sind laut der FIFA erlaubt, wenn diese in Schwarz gehalten sind oder wenn sie zu den Farben des Trikots passen.

231 Ansonsten verstehen Fußballwelt und FIFA keine Späße bei der Bekleidung. Kamerun hatte 2004 in einem Einteiler gespielt. Die FIFA hatte das daraufhin verboten und so kam es zu einem großen Streit zwischen der FIFA und dem Trikot-Sponsor Puma.

232 Und auch wir als Zuschauer haben Regeln zu beachten. So sind Tiere (ausgenommen Blindenhunde) im Stadion verboten.

233 Der Umfang eines normalen Balls, der im Fußball verwendet wird, beträgt 28 Zoll.

234 Der Sheffield Football Club, gegründet am 24. Oktober 1857 in South Yorkshire England, ist vermutlich der älteste Fußballverein der Welt.

235 1999 fand das größte Fußballturnier aller Zeiten statt. In der zweiten Bangkok-Liga fand ein 7-a-side-Turnier statt, an dem über 5.000 Mannschaften und 35.000 Spieler teilnahmen.

236 Ronaldinho schoss mit 13 Jahren alle 23 Tore in einem Spiel, das seine jugendliche Amateurmannschaft mit 23:0 in Brasilien gewann.

237 2001 wurde der Fußball für den Friedensnobelpreis nominiert. Der schwedische Politiker Lars Gustafsson begründet die Nominierung mit der Fähigkeit des Sports, kriegsführende Nationen zusammenzubringen.

238 Cristiano Ronaldo und Zlatan Ibrahimovic haben in jeder Minute eines Fußballspiels getroffen.

239 Die erste professionelle Fußballliga wurde 1888 in England gegründet. Sie wird als **»The Football League«** bezeichnet.

240 Alvin Martin von West Ham United erzielte 1986 einen Hattrick gegen Newcastle United. Das Kuriose dabei: Seine drei Tore an diesem Tag wurden gegen drei verschiedene Torhüter erzielt.

241 Die Barcelona-Ikone Laszlo Kubala ist der einzige Spieler, der für drei verschiedene Länder gespielt hat: die Tschechoslowakei, Ungarn und Spanien.

242 Der erste Fußballverein außerhalb Europas war der Buenos Aires Cricket & Football Club, der im Jahr 1867 in Argentinien gegründet wurde.

243 Der Ballon D'Or, der jährlich vom französischen Fußballmagazin vergeben wird, ist eine der wichtigsten persönlichen Auszeichnungen im Fußball. Der Preis wurde erstmals im Jahr 1956 vergeben.

244 Lionel Messi hat den Ballon D'Or siebenmal gewonnen und ist damit Rekordhalter.

245 Cristiano Ronaldo hat den Ballon D'Or fünfmal gewonnen und liegt damit hinter Messi.

246 Das Wembleystadion, das im Jahr 2007 abgerissen und 2009 durch einen Neubau ersetzt wurde, war das erste Stadion, das ein EM- und ein WM-Finale ausrichtete.

247 Der spanische Torhüter Iker Casillas gewann mit der spanischen Nationalmannschaft sowohl die Europameisterschaft als auch die Weltmeisterschaft und ist der einzige Torhüter, der diese beiden Titel gewann.

248 Real Madrid ist die Mannschaft mit den meisten Champions-League-Titeln. Sie gewannen den **»Henkelpott«** 14-mal.

249 Der FC Bayern München gewann 2020 seine sechste Champions-League-Trophäe und ist damit der zweiterfolgreichste Klub in der Geschichte des Wettbewerbs.

250 Der französische Nationalspieler Thierry Henry erzielte während seiner Karriere insgesamt 411 Tore und gilt als einer der besten Stürmer aller Zeiten.

251 Der spanische Fußballklub FC Barcelona hat seit seiner Gründung im Jahr 1899 insgesamt 26 spanische Meisterschaften gewonnen.

252 Real Madrid gewann die spanische Meisterschaft 35-mal und ist damit Rekordhalter in Spanien.

253 Franz Beckenbauer gewann als Spieler und Trainer jeweils eine Weltmeisterschaft und wird deshalbauch **»Kaiser«** genannt.

254 Robin van Persie hat eine ausgeprägte Angst vor Flugzeugen, was ihn während seiner Karriere oft vor Herausforderung stellte.

255 David Beckham hat eine ausgeprägte Sammelleidenschaft für Legosteine und soll Tausende von Dollar für spezielle Lego-Sets ausgegeben haben.

256 Der deutsche Torhüter Timo Hildebrand hatte vor einem Spiel seine Handschuhe in der Waschmaschine vergessen und musste darum mit nassen Handschuhen spielen.

257 Der kolumbianische Nationaltorhüter René Higuita war bekannt für seinen »**Skorpion Kick**«, bei dem er den Ball mit den Füßen im Flug abwehrte.

258 Der ehemalige Nationaltorhüter David James ist auch ein ausgebildeter Hundefriseur und hat während seiner Karriere oft den Hunden von Mitspielern den Pelz geschnitten.

259 In einem Spiel der schottischen Liga im Jahr 2000 rannte ein Elch auf dem Platz und unterbrach das Spiel für mehrere Minuten.

260 Der italienische Spieler Paolo Di Sanio wurde im Jahr 2000 für seine Fair-Play-Aktion bekannt, als er den Ball nicht ins Tor schoss, nachdem der Torwart verletzt zu Boden ging.

261 Jean-Marc Bosmann (ehemaliger belgischer Profi) führte im Jahr 1995 eine Klage gegen den belgischen Verband und die UEFA, die zur Abschaffung der Transfergebühren führte.

262 Der italienische Spieler Francesco Totti spielte während seiner Karriere nur für den AS Rom und gilt als absolute Vereinslegende.

263 David Beckham erzielte während seiner Karriere 65 Freistoßtore. Unglaublich, oder?

264 In Australien gibt es eine Sportart namens **»Calcio Fiorentino«**, die eine Mischung aus Fußball, Rugby und Wrestling ist.

265 Der brasilianische Klub Flamengo hat mehr als 40 Millionen Fans und ist damit einer der Vereine mit den meisten Anhängern weltweit.

266 Der mexikanische Torhüter Jorge Campos entwarf seine eigenen bunten Trikots und wurde damit bekannt.

267 In der spanischen Liga gilt die Regel, dass höchstens drei Nicht-EU-Ausländer beschäftigt werden dürfen.

268 Mario Balotelli soll als Kind gegen eine Wand geboxt haben, um zu beweisen, dass er hart genug war, um Fußball spielen zu können.

269 Der ehemalige deutsche Nationalspieler Lothar Matthäus hat insgesamt fünfmal geheiratet.

270 Manchester United hat eine eigene Klosterbrauerei, die Bier für den Verkauf im Old Trafford Stadion produziert.

271 Die Großeltern der englischen Nationalspieler Gary und Phil Neville besaßen einen besonderen Sinn für Humor. Ihrem Sohn, dem Vater der Fußballer, gaben sie den Vornamen Neville. Er hieß tatsächlich Neville Neville.

272 In der Saison 1937/38 stieg Manchester City trotz eines positiven Torverhältnisses aus der Football League First Division ab (80:77 Tore).

273 Der ehemalige französische Nationalspieler Rio Mavuba hat in seiner Geburtsurkunde **»Auf hoher See«** als Geburtsort stehen – er wurde auf einem Boot in internationalen Gewässern geboren.

274 Zinedine Zidane wurde in seiner gesamten Karriere nie wegen Abseits zurückgepfiffen.

275 Im Jahr 1927 gewann der schottische Klub Motherwell die spanische Copa del Rey – im Finale gegen Real Madrid.

276 Nicklas Bendtner gewann genauso viele Serie-A-Titel wie Francesco Totti, obwohl er nur neun Spiele in Italiens Oberhaus bestritt.

277 Chelsea ist genauso oft abgestiegen, wie sie die Meisterschaft gewonnen haben (sechsmal).

278 Manchester United hat seit über 85 Jahren in jedem Pflichtspiel mindestens einen Spieler im Kader, der aus dem eigenen Nachwuchs stammt.

279 In Halbfinalspielen hat Cristiano Ronaldo mehr Tore erzielt als Messi, Suarez, Neymar und Ibrahimovic zusammen.

280 Im Vatikan wohnen knapp 932 Menschen. Trotzdem gibt es dort 16 Fußballmannschaften, die jährlich bei einem Turnier aufeinandertreffen.

281 Der ehemalige Barcelona-Profi Alex Song hat 27 Geschwister – 17 Schwestern und 10 Brüder.

282 Auf den Färöer Inseln darf der Ball beim Ausführen eines Elfmeters von einem Mitspieler festgehalten werden. Grund dafür sind die landestypischen Windböen.

283 Um eine La-Ola-Welle zu starten, sind mindestens 30 Leute nötig.

284 Mario Mandzukic hat auf dem Rücken ein Tattoo, leider ist der Spruch in Hebräisch zum einen spiegelverkehrt, zum anderen enthält er grammatikalische Fehler.

285 Oligarch und ehemaliger Chelsea-Besitzer Roman Abramowitsch verdiente früher sein Geld mit der Herstellung von Gummienten.

286 Die legendäre Bayern-Wutrede von Giovanni Trapattoni dauerte 2:37 Minuten.

287 Das beste Frauenfußballteam der Schweiz heißt Young Boys.

288 Real Madrid ist der einzige Verein, der ganze acht Jahre und acht Tage am Stück zu Hause nicht verloren hat. Erst der FC Barcelona konnte diese bis heute einmalige Serie beenden, mit 1:2 siegten die Katalanen damals.

289 Iván Luis Zamorano Zamora, chilenischer Nationalstürmer und für seine Kopfballstärke bekannt, musste 1997 bei Inter Mailand seine Trikotnummer 9 an den brasilianischen Superstar Ronaldo abtreten. Aus Protest lief er mit der Nummer 18 auf und klebte sich ein Pluszeichen zwischen die Ziffern.

290 Der moderne Ball wurde von Richard Lyndon erfunden. Zuerst wurden Schweineblasen als Luftkammer für einen Fußball verwendet, später wurde eine Gummiblase benutzt.

291 West Ham United hat eine Katze namens »**Bubbles**« als offizielles Maskottchen.

292 Jürgens Klinsmann hat es geschafft, innerhalb von 15 Sekunden nach Anpfiff ein Tor zu erzielen.

293 In der Saison 1993/94 gelang dem AC Mailand in der Serie A ein wohl einmaliges Kunststück: Mit nur 36 Treffern aus 34 Spielen gewannen sie die Meisterschaft. Hauptfaktor wird dafür wohl die überragende Defensive gewesen sein, denn in 34 Spielen bekam man nur 15 Gegentore.

294 Im Februar 2023 ist der beliebteste Instagram-Beitrag das Karussell-Posting des Fußballers Lionel Messi, das ihn und seine Mannschaftskameraden beim Feiern des Gewinns der FIFA-Fußballweltmeisterschaft 2022 im Dezember 2022 zeigt.

295 Jürgen Klopp schrieb seine Diplomarbeit in Sportwissenschaften über Nordic Walking.

296 Die Linien auf Fußballfeldern dürfen maximal 12 Zentimeter breit sein.

297 Die Gelbe und die Rote Karte gibt es erst seit der WM 1970 in Mexiko. Zuvor wurden Platzverweise und Verwarnungen einfach vom Schiedsrichter ausgesprochen.

298 Ex-Cheftrainer Martin Schmidt (FSV Mainz 05) ließ sich einmal nackt in der Kabine fotografieren. Dieses Bild wurde für einen Kalender genutzt, der Erlös von 6.500 Euro wurde damals an eine Behindertenwerkstatt gespendet.

299 Der brasilianische Kultstar und ehemaliger Bayern-Profi Dante wird eigentlich **»Dantschi«** ausgesprochen.

300 Inter Mailand wurde am 9. März 1908 in dem Mailänder Restaurant L'Orologiaio von verärgerten Anhängern des heutigen rot-schwarzen Stadtrivalen AC Milan gegründet. Die ehemaligen Mitglieder des Cricket- und Fußballvereins Milan Cricket and Football Club, der im späteren Verlauf zum AC Milan wurde, waren erbost darüber, dass es Ausländern nicht möglich war, in den Verein einzutreten.

Demzufolge wollten sie einen internationalen Verein aus Mailand gründen und nannten diesen passenderweise **»Football Club Internazionale Milano«.**

301 Bei der Vorstellung bei seinem neuen Verein Manchester United sagte Eric Cantona, sein Vorbild wäre der Schriftsteller Arthur Rimbaud. Die englischen Journalisten verstanden dies falsch und behaupteten, **»Rambo«** wäre sein Vorbild.

302 Nach einer Roten Karte beim Spiel gegen Crystal Palace im Jahre 1995 trat Eric Cantona einen gegnerischen Fan mit einem Kung-Fu-Tritt nieder. Vielleicht war sein Vorbild doch Rambo.

303 Der legendäre brasilianische Dribbelkünstler Garrincha, der einst mit Pelé durch die Strafräume wirbelte, hatte eigentlich ein schweres Handicap – sein rechtes Bein war sechs Zentimeter kürzer als sein linkes.

304 Robert Lewandowskis Spitznamen sind **»Lewy«** und **»Bobek«.**

305 Barcelona, Real Madrid und Athletic Bilbao sind die einzigen Mannschaften, die bislang ununterbrochen in der ersten spanischen Liga spielen.

306 Unser damaliger Nationaltrainer Jürgen Klinsmann hat eine Lehre als Bäcker absolviert.

307 Die Mütter von Miroslav Klose und Lukas Podolski spielten in der Handballnationalmannschaft von Polen.

308 1998 erzielte Masashi Nakayama in der ersten japanischen Liga in vier aufeinanderfolgenden Spielen einen Hattrick.

309 Nur etwa jeder 50. Eckball führt wirklich zu einem Tor.

310 Wusstest du, dass nur jedes dritte Spiel von einer Mannschaft gewonnen wird, die häufiger im Ballbesitz war als der Gegner?

311 Der verbreitetste Klubname der Welt ist **»Dynamo«.**

312 Der ehemalige brasilianische Fußballspieler Pelé soll während seiner Karriere mehr als 1000 Tore geschossen haben.

313 Außerdem sammelte Maradona in seiner Karriere 250 Gelbe Karten und 20 Rote Karten. Ziemlich krass, oder?

314 Der FC Barcelona hat eine eigene Schule, die **»La Masia«**, die einige der besten Fußballspieler der Welt hervorgebracht hat, darunter Lionel Messi, Andres Iniesta und Xavi Hernandez.

315 Der spanische Fußballverein Athletic Bilbao ist bekannt für seine Politik **»Nur Basken«**, bei der nur Spieler aus dem Baskenland oder aus Navarra, einer benachbarten Region, für die erste Mannschaft spielen. Trotz dieser Politik sind sie nie abgestiegen.

316 Die englische Fußballlegende David Beckham hat eine Phobie vor Vogelkot. Er hat einmal sogar ein Spiel unterbrochen, um einen Vogelkotfleck von seinem Trikot zu entfernen.

317 Die Farbe der Karten in Fußballspielen wurde vom System der Verkehrsampeln inspiriert: Gelb bedeutet »**Achtung**« und Rot bedeutet »**Stopp**«.

318 Der FC Arsenal war ursprünglich als »**Deal Square**« bekannt und wurde von Arbeitern der Royal-Arsenal-Waffenfabrik gegründet.

319 Der Begriff »**Elfmeter**« kommt aus England und wurde in den 1890er-Jahren erfunden.

320 Die niederländische Fußballlegende Edgar Davids spielte während seiner Karriere immer mit einer Brille. Er litt an einer Hornhautverkrümmung und konnte ohne Brille nicht richtig sehen.

321 Der ehemalige Nationalspieler und Kapitän John Terry wurde nach seiner Karriere zum stellvertretenden Bürgermeister von Surrey ernannt.

322 Der brasilianische Fußballer Ronaldinho hat in jedem Spiel ein neues paar Schuhe getragen und diese nach dem Spiel verschenkt.

323 Der italienische Verein FC Turin hat im Jahr 1949 seine gesamte Mannschaft bei einem Flugzeugunglück verloren. Dieses Ereignis gilt als eines der schlimmsten Unglücke in Italien.

324 Während des Zweiten Weltkrieges wurde der englische Fußballbetrieb für sieben Jahre ausgesetzt.

325 Der Fußball ist die beliebteste Sportart weltweit und wird wohl in jedem Land gespielt. Schätzungen zufolge gibt es 250 Millionen Fußballer weltweit.

326 Im Jahr 1964 wurde ein Schiedsrichter in Peru von einem Spieler so schwer attackiert, dass er dies nicht überlebte. Unvorstellbar!

327 Der ehemalige deutsche Nationalspieler Thomas Häßler behauptete einmal, er könne nicht ohne seine Bettdecke schlafen. Er nahm die besagte Decke sogar zu Auswärtsspielen mit.

328 Der ehemalige Fußballprofi Lukas Podolski besitzt ein Eiscafé und mehrere Dönerläden in seiner Heimatstadt Köln.

329 Der höchste jemals bezahlte Transfer eines Torhüters war der Wechsel von Kepa Arrizabalaga von Athletic Bilbao zum FC Chelsea für 80 Millionen Euro.

330 Robin van Persie ist der einzige Spieler, der gegen alle anderen 19 Mannschaften in einer Saison in der Premier League getroffen hat.

331 Die teuersten Fußballstadien der Welt sind das Wembleystadion und das MetLife-Stadion in New Jersey mit Baukosten von jeweils 1,5 Milliarden Euro.

332 Stand 2023 ist der Wechsel von Harry Maguire von Leicester City zu Manchester United der teuerste Verteidiger-Transfer der Geschichte. Die Ablöse betrug 87 Millionen.

333 Der höchste jemals bezahlte Transfer eines deutschen Fußballspielers war der Wechsel von Kai Havertz von Bayer Leverkusen zum FC Chelsea im Jahr 2020 für eine Ablöse von 80 Millionen.

334 Der erste Fußballspieler, der für mehr als 100 Millionen Euro transferiert wurde, war Zinedine Zidane, als er im Jahr 2001 von Juventus Turin zu Real Madrid wechselte.

335 Der ehemalige Nationalspieler Eusébio hatte eine Vorliebe für Hühner, die er oft als Geschenk von Fans erhielt.

336 Der Brasilianer Ronaldo hatte in seiner Kindheit den Namen **»Schnecke«**, da er als Kind sehr schüchtern und langsam war.

337 Der ehemalige deutsche Nationalspieler Günter Netzer lebte zeitweise in einem Wohnwagen auf einem Campingplatz in Spanien.

338 Frank Ribéry hatte eine Vorliebe für Goldschmuck und besaß unter anderem eine goldene Zahnschiene.

339 Der erste Vertrag von Lionel Messi wurde während eines Treffens mit dem FC Barcelona auf einer Serviette geschrieben. Diese Serviette befindet sich heute in einem Tresor der Crédit-Andorra-Bank.

340 Lionel Messi kaufte einmal das Haus seiner Nachbarn, weil sie zu laut waren.

INTERESSANTE FAKTEN & UNNÜTZES WISSEN

Skurrile Verletzungen

341 Darren Barnard (FC Barnsley) rutschte in der Küche aus – in der Urin-Pfütze seines Welpen. Knie kaputt – fünf Monate Pause.

342 Robbie Keane (Wolverhampton Wanderers) lag auf dem Sofa, angelte mit dem Fuß nach der Fernbedienung und riss sich dabei mehrere Bänder.

343 Svein Grondalen (Rosenborg Trondheim) stieß beim Joggen mit einem Elch zusammen. Er verletzte sich am Oberschenkel und verpasste sogar ein Länderspiel.

344 Paulo Diogo (Servette Genf) ließ sich nach seinem Tor am Zaun feiern. Sein Ehering verhakte sich und riss ihm den Finger ab.

345 Adam Nemec (1. FC Kaiserslautern) fiel im eigenen Garten vom Baum. Er zog sich eine Gehirnerschütterung zu, brach sich zwei Brustwirbel und das Schlüsselbein.

346 Martin Palermo (FC Villareal) jubelte auf einer Mauer über sein Tor. Die Mauer brach ein und Martin Palermo brach sich dadurch Schien- und Wadenbein.

347 Éver Banega (FC Valencia) tankte sein Auto und der Wagen kam dabei ins Rollen. Banega wollte den Wagen mit seinem Fuß stoppen und brach ihn damit. Sechs Monate Pause.

348 Charles Akonnor (VFL Wolfsburg) rammte sich eine Autoantenne in die Nase.

349 Logon Baily (Borussia Mönchengladbach) ließ sich eine mobile Klimaanlage auf den Fuß fallen.

350 Santiago Canzirales (FC Valencia) riss sich eine Sehne im Fuß, als er versuchte, mit seinem Fuß eine herunterfallende Parfümflasche abzufangen.

351 Kasey Keller (FC Millwall) zog seine Golfschläger aus dem Kofferraum und schlug sich dabei aus Versehen seine Vorderzähne aus.

352 Stefan Kuntz (1. FC Kaiserslautern) knickte beim Aussteigen aus dem Mannschaftsbus um und riss sich seine Bänder dreifach.

353 Jari Litmaenen (Malmö FC) bekam einen Flaschenkorken ins Auge geschossen – vom eigenen Sportchef. Er fiel mehrere Monate wegen einer Netzhautverletzung aus.

354 David Seamen (FC Arsenal) verletzte sich beim Angeln, als er einen 26-Pfünder aus dem Wasser ziehen wollte. Er renkte sich dabei die Schulter aus und fiel ebenfalls erst mal aus.

355 Marco Arnautovic (Werder Bremen) spielte mit seinem Hund und verdrehte sich das Knie. – Innenbandriss.

356 Markus Pröll (Eintracht Frankfurt) stolperte über ein Mädchen und zog sich dabei eine Schultereckgelenksprengung zu.

357 Volkan Demirel (Fenerbahçe Istanbul) kugelte sich die Schulter aus, als er sein Trikot nach Abpfiff auf die Tribüne warf.

358 Jérome Boateng (Bayern München) hatte bereits eine Knieverletzung, dann knallte ihm eine Stewardess den Getränkewagen vors Knie.

359 Franz Michelberger (Bayern München) wurde im Trainingslager in Israel von einem Kamel gegen den Mannschaftsbus geschubst. – Knieverletzung.

360 Charlie George (FC Arsenal) trennte sich beim Rasenmäher einen kleinen Finger und eine Fingerkuppe ab. Er sagte, dass er jetzt keine Einwürfe mehr machen könne.

361 Darius Vassell (Aston Villa) hatte eine Blutblase unterm Zehennagel. Er wollte mit einer Bohrmaschine ein kleines Loch in den Nagel bohren, bohrte aber durch seinen kompletten Zeh.

362 Axel Witsel (Borussia Dortmund) stolperte über das Treppenschutzgitter seiner Kinder. Er zog sich eine Gesichtsverletzung zu und fiel für mehrere Wochen aus.

363 Leon Andreasen (Hannover 96) verletzte sich beim Öffnen eines Paketes mit dem Messer an der Hand und musste sogar operiert werden. Der Däne verpasste dadurch die EM-Playoffs gegen Schweden.

364 Enner Valencia (West Ham United) lässt 2015 eine Teetasse fallen und schlitzt sich an den Scherben den großen Zeh auf.

365 Kevin Keegan (Hamburger SV) stand in der Badewanne und verletzte sich, da er im Abfluss stecken blieb.

366 Elkin Soto (Mainz 05) zog sich einen Hexenschuss zu, als er sich die Schuhe zubinden wollte.

367 Liam Lawrence (Stoke City) fiel über seinen Hund und dann die Treppe hinunter. Eine Knöchelverletzung war die Folge.

368 Nicolai Müller (Hamburger SV) feierte einen Treffer frenetisch an der Eckfahne, verdrehte sich dabei das Knie und blieb verletzt liegen. Müller fiel mehrere Monate durch einen Kreuzbandriss aus.

369 Kevin Trapp (Eintracht Frankfurt) rutschte bei Werbeaufnahmen für einen DFB-Sponsor mit Stollenschuhen auf einem glatten Steinboden aus. Die bittere Diagnose: Bruch des vierten Mittelhandknochens. Saisonaus.

370 Daniel Bierofka (1860 München) prallte im Spiel mit dem Schiedsrichter zusammen und zog sich dabei einen Nasenbeinbruch zu.

371 Alan Tate wurde auf dem Golfplatz in einen Unfall mit einem Golfwagen verwickelt. Dabei brach sich Tate das Schienbein.

372 Michael Blättel (Saarbrücken) verrenkte sich morgens beim Aufstehen den Rücken und fiel für das Spiel am gleichen Tag aus.

373 Paolo Guerrero (Hamburger SV) wollte seinen Flieger nicht verpassen und sprintete zu diesem. Dabei zog er sich einen Muskelfaserriss zu und fiel zehn Tage aus.

374 Mario Gomez (VFB Stuttgart) war im Spiel so wütend, dass er mit der Hand gegen einen metallenen Medizinkoffer schlug. Handbruch und zwei Monate Pause.

375 Patrick Ebert (Hertha BSC) rutschte bei der Aufstiegsfeier 2011 auf einer Bierflasche aus. Resultat: Anriss des Außenbandes im Sprunggelenk und Verzicht auf die Ballermann-Reise mit dem Team.

376 Steven Morrow (Arsenal) hatte gerade den League Cup gewonnen und das Siegtor erzielt. Kapitän Tony Adams nahm Morrow auf die Schultern, der landete daraufhin unsanft und brach sich das Schlüsselbein.

377 Bjarne Thoelke (VFL Wolfsburg) half seiner Mutter auf dem elterlichen Bauernhof. Ein Pferd trat aus und traf Thoelke. Diagnose: Kahnbeinbruch.

378 Javi Martinez (Bayern München) unternahm eine Bergwanderung in seiner spanischen Heimat. Er kehrte zurück mit dem Bruch des linken Schlüsselbeins. Saisonaus.

INTERESSANTE FAKTEN & UNNÜTZES WISSEN

Aberglaube & Rituale

379 Gewinnbringendes Ritual? Bei der Heim-WM 1998 küsste der Franzose Laurent Blanc vor jedem Spiel die Glatze seines Torwarts Fabien Barthez.

380 Mario Gomez vertraute über 16 Jahre lang auf dieselben Schienbeinschoner.

381 John Terry hatte denselben Schienbeinschoner-Tick: Als seine beiden Glücksbringer einmal im Camp Nou in Barcelona verloren gingen, suchte der Engländer im gesamten Stadion und hörte erst auf, als er sie wiedergefunden hatte.

382 Gerd Müller trug stets Schuhgröße 41, obwohl er eigentlich 38 hatte. Damit könne er sich besser drehen, begründete er einst.

383 Bei der WM 1986 in Mexiko durfte die argentinische Nationalmannschaft um Superstar Diego Maradona fünf Wochen lang kein Hühnerfleisch zu sich nehmen, weil ihr Trainer Carlos Bilardo der Überzeugung war, dass Hühnerfleisch Unglück bringe. Stattdessen kamen bei den Gauchos Rindersteaks auf den Teller. Kaum zu glauben, aber am Ende wurde Argentinien Weltmeister.

384 Ebenfalls argentinisch, ebenfalls kurios: Der argentinische Keeper bei der WM 1990, Sergio Goycochea, praktizierte vor wichtigen Elfmeterschießen eine besonders bizarre Marotte: Während seine Teamkollegen mit einem Kreis einen Sichtschutz um ihn herum bildeten, urinierte er auf den Platz.

385 Italiens Coach Giovanni Trapattoni spritze vor jedem Spiel der WM 2002 Weihwasser auf den Platz. – Mit mäßigem Erfolg: Die Italiener schieden im Achtelfinale gegen den Gastgeber Südkorea aus.

386 Frankreichs ehemaliger Nationaltrainer Raymond Domenech soll seine Mannschaft oft nach deren Sternzeichen aufgestellt haben.

387 Englands Fußballlegende Gary Lineker schoss beim Aufwärmen niemals auf das Tor, um sich mögliche Treffer für das Spiel aufzusparen. Gelang ihm in der ersten Halbzeit kein Treffer, wechselte er in der Pause das Trikot. **»War ich dagegen erfolgreich, behielt ich das Trikot an«**, sagte Lineker.

388 Adrian Mutu, ehemaliger rumänischer Nationalspieler, legte besonders viel Wert auf seine Kleidung. Bei Spielen trug der ehemalige Akteur von Juventus Turin immer dieselbe Unterwäschemarke.

389 Beim ehemaligen kolumbianischen Nationalkeeper Rene Higuita musste die Unterhose unterdessen immer blau sein – eine Wahrsagerin hatte ihm dies empfohlen.

390 Trainer Gyula Lóránt führte bei Eintracht Frankfurt in der Saison 1976/77 einen Kaffeeklatsch vor dem Spiel ein. Immerhin blieb die Mannschaft mit Kaffee und Kuchen im Magen 21 Spiele in Serie unbesiegt.

391 Der Franzose Eric Cantona, viermaliger englischer Meister mit Manchester United, legte sich zu seiner aktiven Zeit an jedem Spieltag morgens um acht Uhr für fünf Minuten in eine warme Wanne.

392 Cristiano Ronaldo sitzt bei der Anreise mit dem Bus immer hinten, bei der Anreise mit dem Flugzeug immer in der vordersten Reihe. Den Fußballplatz betritt er immer zuerst mit dem rechten Fuß. Außerdem weiß er im Stadion genau, wo seine Angehörigen sitzen, um ihnen nach seinen Toren zujubeln zu können.

393 Viele Profis haben auch ein besonderes Verhältnis zu ihrer Rückennummer, deshalb trug Michael Ballack in seiner Karriere immer die Rückennummer 13.

394 Bastian Schweinsteiger feuchtete vor jedem Spiel seine Socken und Schuhe an, um ein besseres Ballgefühl zu haben.

395 Als Zeichen und Dank für die Liebe zu seiner Frau küsste Bayern-Profi Carsten Jancker nach jedem seiner Treffer seinen Ehering.

396 Kolo Touré wollte während seiner Zeit beim FC Arsenal immer als Letzter das Spielfeld betreten.

397 Deutschlands Nationalspieler Mario Gomez verzichtete völlig auf das Mitsingen der Nationalhymne, weil er anlässlich eines Jugendspiels mal nicht mitgesungen und dann prompt getroffen hatte.

398 Serhiy Rebrov, Trainer von Dynamo Kiew, hatte während seiner aktiven Karriere ebenfalls seine Marotten. Nach einem Sieg setzte er alles daran, einen identischen Tag vor der nächsten Partie hinzulegen: Er stand zur gleichen Zeit auf, aß das Gleiche und sprach mit den gleichen Leuten.

399 Messi küsst sich vor dem Betreten des Spielfelds oft die Hand und zeigt dann auf den Himmel als Geste des Gedenkens an seine Großmutter.

400 Sergio Ramos küsst sich vor jedem Spiel den linken Ärmel seines Trikots, um seinen Respekt für seinen verstorbenen Freund und Mitspieler Antonio Puerta zu zeigen.

401 Neymar kniet oft auf dem Spielfeld nieder und betet, bevor er das Spiel beginnt oder in eine wichtige Situation geht.

Printed in Germany
by Amazon Distribution
GmbH, Leipzig

31413304R00042